Annette Welsch-Graafsma

Wenn der Frieden bei Dir anklopft

Dann öffne ihm

Annette Welsch-Graafsma

Wenn der Frieden bei Dir anklopft

Dann öffne ihm

Impressum

Bibliografische Information der Deutschen Nationalbibliothek:
Die Deutsche Nationalbibliothek verzeichnet diese Publikation in der
Deutschen Nationalbibliografie; detaillierte bibliografische Daten sind im
Internet über http://dnb.dnb.de abrufbar.

Texte:	© 2023 Copyright by Annette Welsch-Graafsma
Fotos:	© 2023 Copyright by Annette Welsch-Graafsma
Umschlag:	© 2023 Copyright by Annette Welsch-Graafsma
Korrektorat:	Marijke Graafsma

Herstellung und Verlag: BoD – Books on Demand, Norderstedt

ISBN: 9783757890650

Inhaltsverzeichnis

Vorwort — 9

In den Frieden vertrauen — 11

Glaube, Liebe Hoffnung, diese drei... — 12

Mit diesem Frieden ist es wie mit einer Wiese — 14

Ein (Friedens)Engel an deiner Seite — 15

Frieden braucht es an so vielen Baustellen
des Lebens — 16

Du bist der Friede, den du dir wünschst — 18

Frieden. Was ist das eigentlich — 19

Frieden ist wirklich wichtig — 20

Frieden. Ganz bald — 21

Die rechte Erd- Himmel-Verbindung — 22

F-R-I-E-D-E-N — 24

Wenn der Frieden bei dir anklopft — 25

Du bist reine Liebe — 30

Und jeden neuen Morgen   31

WANN IMMER DER FRIEDEN ANKLOPFT…   33

Welche Waffe gebraucht der Frieden eigentlich?   34

Das Schöpfungswesen   36

Der Frieden ist leise   37

Stell dir vor…   38

Sie reden vom Frieden   39

Ist es nicht schlimm   40

Die größte Macht – Liebe   41

Du bist niemals allein unterwegs   43

Du kannst auf mich zählen   44

Der Wolf mit dem unbändigen Hunger   46

Regenbogengedanken   48

Friedensschneeflocken   49

Lass deine Schöpferkraft strahlen   51

Was ich mir wünsche   52

Frieden ist Vertrauen   53

Kleine Leuchttürme   54

Sei Du der Friede, den die Welt braucht   55

Freiheit für alle   56

Die Freiheit des Himmels ist grenzenlos   58

Nachwort   60

Danksagung   61

Vorwort

Frieden. Ja, das ist so ein magisches Zauberwort, dessen wir uns gerade in dieser Zeit gerne bedienen.

Frieden, der Zustand, den wir uns so sehr wünschen – für Dich – für mich - für uns – für die Menschen in den Krisengebieten – nicht nur in der Ukraine, sondern rund um den ganzen Erdball.

Frieden in aller Munde – oder auch nicht.

Frieden als Zeichen des Göttlichen in Dir und in mir.

Frieden als Beginn eines globalen Aufstandes für eine Welt, in der das Gute über das Böse siegt, das Reiche weicht, um dem Armen lebenswürdigen Platz zu schenken, es keine Kreaturen mehr gibt, die Gott spielen möchten, dabei das Göttliche aber verbannen.

Frieden in einer Welt, in der der Geist der Wahrheit führt und leitet, in der finanzielles Machtgehabe immer mehr und mehr verkümmert.

Sei Du ein Teil davon. Trage den Frieden in Dir, in Deinem Herzen, Deiner Seele – und von da aus in die Welt.

Frieden ist wichtig! Lass uns beginnen! Heute, und jeden neuen Tag.

Mit diesem kleinen Büchlein möchte ich Dich an meinen Gedanken zum Frieden teilhaben lassen. Es ist der kleine Frieden, der immer dann in mir aufkommt, wenn ich still werde, wenn ich der lauten Welt, die immer wieder versucht in das Innere einzudringen und Angst zu machen, einfach einen Riegel vorschiebe.

Es gibt vieles, was uns Angst macht. Gerade die Medien geben ihr Nötiges, um die Menschen an ihre Grenzen zu bringen.

Es gibt da aber so eine kleine Geheimwaffe, die in

Wirklichkeit riesengroß ist:

Liebe!
Bedingungslos!
Liebe ist Macht!
Liebe ist unendlich groß!
Liebe ist Energie. Positive, hochschwingende.

Und wenn sie wirklich so eingesetzt wird, dass ich auf alle egoistischen Züge dabei verzichte, erreicht sie ihr höchstes Potential.

Liebe ist Energie, und Energie folgt der Aufmerksamkeit. Das bedeutet so viel wie, wenn Du Deinen Fokus von Krieg, Bedrohung, Zerstörung, Leid und Tod weglenkst und stattdessen Deine Aufmerksamkeit lebensbejahenden, positiven Gedanken der Liebe und Güte zuwendest, und diese in die Welt sendest, schaffst Du Veränderung. Zunächst in Dir. Du wirst zum Teil des Friedensprojektes, das Liebe, Güte und Hoffnung in die Welt sendet. Die Energie folgt Deiner Aufmerksamkeit, und Du wirst zum Friedensboten und -stifter.

In den Frieden vertrauen

Was treibt uns?

Die Hoffnung und der Glaube an Jesu Zusage: Bittet und es wird euch gegeben! Lebt so, als hättet ihr es bereits erhalten.

Was bedeutet das?

Wir sollen unser Herz nicht in den Kriegswirren verstricken. Wir sollen bitten, dass Friede wird. Und dann nicht an der Umsetzung zweifeln, sondern darauf vertrauen, dass Gott hilft. Immer. Bedingungslos.

Wir dürfen darauf vertrauen, dass der Friede bereits da ist. In Gott, in unseren Herzen…und bald auch auf der Welt. Es liegt an uns ihn auszusenden. Fühlt euch nicht klein, denn aus einer winzigen Flamme kann schnell ein loderndes Feuer entstehen.

Glaube, Liebe Hoffnung, diese drei…die Liebe ist die Größte unter ihnen.

Für mich ist Liebe die Antwort – auf alles – die Frage ist egal. Ich blicke auf unsere Welt – und sehe, dass die Erde schreit. Ein Schrei in dunkler Nacht nach Liebe. Ein Schrei danach, zur eigentlichen Aufgabe von uns Menschen zurückzufinden.

Schauen wir auf den Krieg und die, die ihn antreiben. Sie scheinen wie zornige Kleinkinder, die sich schreiend und zappelnd auf dem Boden wälzen, um ihren Willen zu bekommen. Was macht man mit solch einem Kind? Schreien und auch toben? Es ermahnen und zur Ruhe zwingen? Fehlanzeige! Das funktioniert nun mal nicht. Hass lässt sich nicht mit Hass bekämpfen und Wut nunmal nicht mit Wut. Das schreiende, tobende Kind sehnt sich nach Liebe, hat in diesem Moment komplett den Bezug zur Realität verloren. Schließe deine Arme liebevoll um dieses Himmelskind. Das ist nicht einfach und erfordert Ausdauer. Es wird erst einmal weiterzappeln, doch deine Geduld lohnt sich. Es kommt der Augenblick, in dem die kleine Kampfmaschine ruhiger wird und deine Waffe, die Waffe der Liebe spürt. Das tut unendlich gut. Beiden. Liebe gewinnt! Immer!

„Menschen liebt, oh liebt ihn wieder und vergesst die Liebe nie"…so: ein Weihnachtslied im Gotteslob, das mich schon seit meiner Kindheit jedes Jahr aufs Neue tief berührt. Wenn ich mir den Frieden für die Menschen in der Ukraine und der gesamten Krisenregion und -situation wünsche, werde ich ihn nicht durch Hass, hasserfüllte Gedanken und dergleichen erreichen. Wenn Waffen zu Pflugscharen und Winzermessern werden, dann hat Gott seine Liebe gezeigt. Und wir dürfen es ihm gleichtun. Lieben! Lieben, wo andere hassen. Lieben, wo so viel Vernichtung und Verzweiflung ist.

Für uns Christen ist die stärkste aller Waffen die Liebe. Wir tragen sie in unserem Herzen und dürfen andere damit berühren.

Liebe dürfen wir aus tiefstem Herzen heraus in die Krisengebiete schicken. Liebe sollen wir aber auch den Kriegstreibern entgegenbringen. Das klingt zunächst ein wenig fremd, doch wenn wir dies schaffen, werden wir erfahren, was Wunder sind.

Liebe grenzenlos, friedensstiftend, allumfassend.

Liebe ist die Antwort - auf alles – die Frage ist egal.

Mit diesem Frieden ist es wie mit einer Wiese

Mit diesem Frieden ist es wie mit einer Wiese. Im Winter ist sie zwar noch grün, doch sie gibt nicht viel her. Doch wenn der Frühling kommt, und den Boden mit Wärme und dem Licht der Sonne küsst, erwacht das Leben so nach und nach wieder. Wundervolle Heilkräuter sprießen empor, die für Mensch und Tier als körper- geist- und seelenstärkende Nahrung dienen. Es duftet nach Leben, nach Liebe und Geborgenheit. Und alle bilden eine friedliche Symbiose.

Der Frieden will gepflegt werden, wie eine Wiese. Gute Gedanken, Hoffnung und Gebete schaffen einen fruchtbaren Boden und lassen ihn nach und nach aufblühen.

Lasst uns gemeinsam jeden Tag aufs Neue den schöpferischen Garten des Friedens pflegen, damit er alles hat, was er zum Aufblühen braucht.

Ein (Friedens)Engel an deiner Seite

Wir alle wünschen ihn uns so sehr, den Engel an unserer Seite, der uns begleitet und zeigt, dass wir nicht allein sind, dass wir immer und überall von Gottes Liebe getragen werden.
Und er ist da, denn von Geburt an hat unsere wundervolle Schöpferkraft dieses liebevolle Wesen an unsere Seite gestellt. Engel gibt es viele, ganze Heerscharen. Friedensengel sind auch unter ihnen.
Engel sind so etwas wie die Schnittstelle zwischen Gott und Mensch – auch Tier und Pflanze. Sie erinnern uns stets daran, dass Gott all seine Schöpfung in uns verewigt hat und dass wir wundervolle Himmelskinder der Liebe sind.
Liebe! Bedingungslos! Krieg kam da nicht drin vor. Kein: Das ist aber meins. Das gehört dir nicht, ich gönn dir das nicht, dir gehört nichts – mir alles.
Liebe! Sonst nichts. Mehr braucht es nicht um als wundervolle Schöpfungswesen die Vielfalt, die unser Schöpfer uns geschenkt hat, zu genießen.
Machen wir alle unser Herz auf, spüren wir all die himmlischen Kreaturen, die helfen möchten, und schicken jede/jeder von uns einen Engel in die Ukraine und an all die Orte der Welt, an dem sie ihre Flügel liebevoll über all dem Terror, Hass und Krieg heilend ausbreiten können. Zu all den Menschen, die sich von Gott verlassen fühlen und hoffnungslos sind. Aber auch zu all denen, die so gerne Krieg spielen und nie genug bekommen: Möge ein Engel seine Flügel liebevoll und geborgen um sie legen, damit sie diese wundervolle Macht erfahren, die ihnen fremd ist. Dass die göttliche Liebe, die die Lichtwesen ihnen schenken sie zurückerinnert an den Weg, den Gott für sie

bestimmt hat.

Frieden braucht es an so vielen Baustellen des Lebens

Segnungsverbot der katholischen Kirche für queere Paare. Sicher gibt es darüber unterschiedliche Ansichten und die darf auch jede und jeder haben. Doch hat es die queere Gesellschaft nicht immer leicht, wird teilweise verfolgt und sogar ermordet, so wie das z. B. in Oslo war. Da sind Menschen, die entscheiden, was „normal" ist und was „falsch" ist.
Kann Liebe falsch sein? Wer hat die Macht, Liebende zu verfolgen? Gar zu vernichten? Wo Liebe ist, hat der Hass bereits verloren. Wo Liebe gelebt wird, stirbt die Angst, entsteht eine ganz besondere Magie, die, die nicht verstehen, die diese wundervolle Kraft nie erkannt haben. Liebe ist göttlich, besonders, und die Waffe, die alles Böse und Negative vernichtet. Liebe lässt den Frieden gewinnen.

Szenewechsel! Schauen wir auf die Ukraine. Panzer rollen, Menschen sind auf der Flucht, Häuser werden zerstört, Schöpfung vernichtet... Und ich frage mich warum? Mit welcher Berechtigung? Ist es auch nur irgendeinem Menschen würdig sich über andere zu stellen? Gott zu spielen? Wer entscheidet, wo andere leben dürfen? Wer entscheidet, dass andere ermordet werden dürfen? Was maßt sich die Menschheit an? Wer glaubt, er mag eben einfach einmal Schöpfer spielen? Nach neuen Regeln, nach seinen eigenen eben?
Der Regenbogen als Zeichen für das Versprechen von Gott.

Wer oder was ist Gott? Wer oder was der Mensch?
Ich wage zu behaupten, dass unser Schöpfer oder auch
unsere Schöpferin die reinste Form der Liebe ist, die schon
immer existiert. Der Mensch ist Abbild Gottes und trägt
seinen wundervollen Funken der Liebe tief verwurzelt in
seiner Seele. Diese reinste Form der Liebe hat jede
Einzelne seiner Geschöpfe gleich lieb. Seine Schöpfung ist
bunt. Jede, jeder ein kleiner Regenbogen für sich. Und
jeder Regenbogen ist bezaubernd und einzigartig.

Wir alle dürfen ein wenig schöpfen – aus der Liebe heraus.
Darum lasst uns einen wunderschönen bunten und
leuchtenden Regenbogen von unseren Herzen aus bis in
die Ukraine und zu all unseren Mitgeschöpfen wachsen,
als Zeichen des neuen Bundes, als Zeichen der Hoffnung,
des Friedens und der Liebe.

Du bist der Friede, den du dir wünschst

Du wundervolle Seele, du bist der Friede, den du dir wünschst. Du bist alles, hast alles, bist auf diese Erde gekommen, ausgestattet von deiner Schöpferquelle mit allem, was du benötigst, um hier auf unserer wundervollen Erde wirken zu können.

Friede mit dir, in dir und durch dich.

Oh, du wundervolle Seele, wenn du dein Strahlen sehen könntest, dann wärst du dir bewusst, welch wundervolle Aufgabe dich begleitet. Werde eins mit der Schöpfung! Kehre zu deiner Mitte, zu deinem wundervollen Seelenkern. Heiße Gott in deiner Seele willkommen und dann lass deine Strahlkraft groß werden. Sehr groß. Dehne dich aus in deinem vollkommenen Liebespotential – und dann lass den Frieden groß werden.

Frieden. Was ist das eigentlich?

Frieden. Was ist das eigentlich?
Alle reden davon. Alle möchten, dass Frieden ist.
Na, ja, manche gebrauchen die Abwesenheit von Frieden
für ihren Vorteil. Das ist sehr schade und stimmt mich sehr
traurig. Sie haben es einfach nicht verstanden, sind der
Liebe fern. Das tut weh – nicht nur mir, sondern sie tun
sich selbst weh. Das ist der Preis. Frieden ist das
wundervolle Gefühl im Herzen und der Seele, mit Gottes
Liebe eins zu sein. Die Gewissheit, dass ich mich fallen
lassen kann und weiß: es kommt gut. Sehr gut. Denn
meine Schöpferquelle fließt durch mich. Bin ich im
Reinen, im Frieden, schwingt mein Herz im Gleichklang
mit der bedingungslosen Liebe, herrscht Frieden.
Hier, heute, morgen – wann immer ich mir dessen
bewusst werde und ihn aufleben lasse.

Frieden ist wirklich wichtig

Frieden ist wichtig, gerade in dieser Zeit und geht uns alle an. Frieden beginnt bei uns, in unserem Herzen. Und Frieden heißt auch, dass es mir egal ist, wer angefangen hat und dass ich keinen Schuldigen herausdeute. Frieden heißt, den Segen über alle legen, Gott wirken zu lassen. Wir alle sind Himmelskinder und unser Schöpfer, unsere Schöpferin liebt uns alle gleich - bedingungslos.

Zünden wir unser inneres Friedenslicht an und lassen es leuchten - weit über die ganze Welt.

Du und ich - als wir!

Lass und den Frieden gewinnen! Sei gesegnet du wundervolles Friedenslicht.

Frieden. Ganz bald

Ich denke, wir sind uns einig: Wir wollen ihn alle! Und am besten schon ganz bald.

Dort wo Lüge und Unrecht sich breit machen, wo Wahrheit verdrängt wird, wo Hass und Wut anderen die Luft zum Leben nehmen, dort hat sich das Herz von der wahren Bestimmung getrennt. Geht eigene Wege. Wege der Dunkelheit. Bis an den Abgrund – und manchmal noch weiter.

Wenn das Herz vom Weg abgekommen ist, tut es weh. Unendlich. Doch das treibt die innere Verwirrung noch weiter an und fordert weitere Opfer.

Das Herz und die Seele sind in der Liebe zu Hause. Sind Liebe.

Und genau das ist es, was wir brauchen. Wir müssen unsere Herzen wieder weit machen, und der Liebe Raum geben. Denn wo Liebe ist, hat Krieg keine Chance. Liebe ist die stärkste Macht zwischen Himmel und Erde. Wo die Liebe aufblüht, werden Hände gereicht, liegt die Wahrheit obenauf, gewinnen wir gemeinsam den Frieden.
Der Segen der liebenden, friedvollen und hoffnungsspendenden Schöpferkraft lege sich geborgen um dich und wärme dein Herz und deine Seele.

Die rechte Erd-Himmel-Verbindung

Um gemeinsam den Frieden zu gewinnen, braucht es schon die rechte Erd-Himmel-Verbindung. So ein Zusammenschnitt zwischen Gott und Mensch. Wir, das Bodenpersonal, die ihre Herzen weit machen, damit Gott mit seiner Liebe uns und die Menschen vor Ort, aber auch auf der ganzen Welt berühren kann.

Frieden geschieht immer dort, wo wir erkennen, dass es sinnlos ist, Hass, Wut und Gewalt als Waffe gegen unsere Mitgeschöpfe einzusetzen.

Wir alle sind eins. Uns allen ist dieser wundervolle Planet geschenkt. Keiner darf die Macht haben, Gott zu spielen, und Macht für seine eigenen unehrenhaften Zwecke zu missbrauchen. Gott ist Liebe, seine Schöpfung und seine Schöpfungswesen auch.

Lasst uns den Frieden gewinnen: Für die wundervolle Schöpfung, als Zeichen der Liebe, um Gottes wundervolles Reich auf Erden sichtbar zu machen.

Dein Schöpfer/deine Schöpferin lege liebevoll und zärtlich den goldenen Strom des Segens über dich und alle, die du im Herzen trägst. Sei gesegnet - sei ein Segen!

Frieden, das ist so ein wundervolles Wort

Frieden, das ist so ein wundervolles Wort.
Oft steht es ganz einsam – eben einfach so dahingesagt.
Die Magie des Wortes wird oft erst bewusst, wenn der Frieden in Gefahr ist.
Frieden ist ein „Bindewort", das vereinigt, was entzweit ist.
Es ist die Ruhe nach dem Chaos, der Ruhepol im Auge des Sturms.
Es ist das Hinwenden zum Licht nach einer Zeit der tiefen Dunkelheit.
Es ist der leere Raum, der kein leidvolles Eindringen von außen zulässt.
Frieden verbindet den Himmel mit der Erde, lässt Gott und Mensch verschmelzen.
Frieden, das ist dieses wundervolle Wort, von dem wir ganz oft Gebrauch machen sollten.
Hauche dem Wort Leben ein, und lass die Magie fließen.

FRIEDEN

F – Fühle in dein Herz und spüre, wie gut es tut entspannt und liebevoll zu atmen.

R – Reife zeigt sich im verständnisvollen Verhandeln auf Augenhöhe.

I – In deinem Herzen ist ein Ort, an dem deine Schöpferenergie auf dich wartet. Es ist deine Entscheidung ihr Raum zu geben.

D – Dankbarkeit für das, was du hast, besonders die kleinen Dinge, die dir geschenkt werden, macht dich reich und friedvoll.

E – Energie verlierst du im Streit und Kampf. Im inneren Frieden und in ruhiger Haltung gewinnst du ein hohes Maß an Kraft und Stärke.

N – Nur du kannst dir die Freiheit deiner Gedanken schenken.

Wenn der Frieden bei dir anklopft

Du bist müde und hattest einen anstrengenden Tag. Bei der Arbeit lief so einiges schief. Eine Kollegin sprach dich von der Seite an und gab dir Tipps, damit du ein wenig gepflegter daherkommst. Dein Chef rief dich, um dir zu sagen, dass deine Gehaltserhöhung abgelehnt wurde. Du hattest nur noch den Wunsch, endlich nach Hause zu fahren und deine Ruhe zu haben.
Endlich Feierabend! Du seufzt, atmest kurz auf und hechtest zu deinem Auto. Es braucht mehrere Versuche, bis der in die Jahre gekommene Wagen endlich anspringt. Doch dann gelingt es dir. Du fährst auf die Autobahn und gerätst in einen Stau. Die Wartezeit kommt dir unendlich vor.
Mit einer Dreiviertelstunde Verspätung kommst du endlich zu Hause an. Endlich! Nur noch schnell die Post aus dem Briefkasten nehmen. Drei Rechnungen und eine Mahnung. Das muss dir irgendwie durchgerutscht sein. Morgen wirst du sie gleich bezahlen. Gleich nach der Arbeit.
Erschöpft lässt du dich in den Sessel fallen. Bei ein wenig Fernsehen etwas runterkommen, abschalten. Nachrichten. Krieg, Krisen, Unfriede, Sanktionen...Dir ist zum Heulen zu Mute. Und genau das tust du dann auch. Rotz und Wasser, alles muss endlich raus: Die Wut auf den Chef, auf die Kollegin, auf deine Arbeit, den Stau, das Weltgeschehen...Es ist einfach alles zu viel! Dann machst du die dumme Kiste, aus der auch nur angsteinjagende Nachrichten kommen einfach aus.
Jetzt eine heiße Dusche! Und du gönnst sie dir. Mit den heißen Wasserstrahlen perlt so langsam deine

Anspannung ab. Du fängst an, wieder normal zu atmen. Nach der Dusche geht es dir ein wenig besser. Du schaltest deine Lieblingsmusik an und gibst dich ihr hin. Alles wird leichter um dich und du gleitest langsam und sanft in den Schlaf…

„Hallo, kannst du mich hören? Du hattest einen ziemlich angespannten Tag." Die Stimme, die zu dir durchdringt, klingt sanft, warm und schenkt dir Vertrauen. „Ja, ich kann dich hören? Wer bist du?" „Ich bin der Frieden. Der Frieden, der dein ganzes Leben in dir geborgen ist. Manchmal bin ich kaum spürbar, weil du dich von der lauten Welt führen lässt. Aber da bin ich immer. Ich bin ein Teil der Schöpferkraft, die in dir aber auch in jedem anderen Schöpfungswesen wohnt. Ich möchte dir helfen, dein Leben friedlich und auch ein Stückchen leichter und einfacher zu gestalten, damit du wieder Freude empfindest und das Leben genießen kannst." Wow, warum habe ich dich nicht eher gespürt? Warum warst du nicht da, als meine Kollegin so gemein zu mir war? Sie glaubt immer etwas Besseres zu sein. Wo warst du, als der Chef meine Gehaltserhöhung abgelehnt hat? Ich hab sie doch wirklich verdient. Schließlich gebe ich immer mein Bestes für die Firma. Wo warst du, als ich nur noch nach Hause wollte, und dann in den Stau geriet? Und die Nachrichten, das Weltgeschehen…warum zeigst du da nicht mal, dass es dich gibt?" „Als du geboren wurdest, hat deine kleine Seele den freien Willen mit auf die Erde gebracht. Du hast zwar immer deine göttliche Anbindung, darfst aber entscheiden, wie du dein Leben gestaltest. Du kannst dich entscheiden, alles allein durchzustehen, aber du kannst auch deine Schöpferkraft bitten. Ebenso kannst du dich für mich, den Frieden oder aber für mein Gegenteil, den Unfrieden entscheiden. Du kannst dich von der äußeren Welt leiten lassen, oder Gott und deine himmlischen Freunde, wie z. B. Engel, Geistführer und liebe Seelen bitten, deinen Weg ganz hell und leicht zu machen." „Hey, Friede, ich weiß nicht. Das klingt alles so einfach und wie ein Spiel, aber bist du dir eigentlich bewusst, wie das Leben da draußen funktioniert? Das fängt schon bei den Nachbarn an, die schief gucken, wenn du deine Mülltonne nicht rechtzeitig reinfährst, und auch sonst wirst du ständig beurteilt und danach verurteilt. Das Leben ist hart, jeden neuen Tag eine Herausforderung, ein Kampf. Wenn du schwach bist und „zu lieb" stecken sie dich in die Tasche und du wirst nur ausgenutzt, quasi zum Trottel vom Dienst. Ich weiß nicht, wie ich da mit deinen Sprüchen umgehen soll." „Weißt du eigentlich, wie wundervoll du bist? Wie einzigartig und damit auch liebenswert? Du musst anfangen, dich selbst wahrzunehmen, musst auf dich und deine Bedürfnisse achten. Wenn du beginnst, deine Gefühle, deine Emotionen nicht einfach neben dir herlaufen zu lassen, sondern sie als Freunde annimmst und dich ihnen hingibst, ihnen zuhörst, was sie dir sagen wollen, wirst du begreifen, dass sie dir eigentlich nur Gutes tun wollen. Sie möchten, dass du innehältst, und dich fragst, ob der Moment, dein Leben noch stimmig ist. Wie ist das bei dir? Liebst du deinen Job? Warum lässt du dich von deiner Kollegin wie ein unmündiges Kind behandeln, wenn dir dies weh tut. Der Stau wollte dich ausbremsen, um dir zu sagen, dass es Zeit ist innezuhalten und auf dich und deine Bedürfnisse zu schauen. Liebst du dich? Kannst du dich so annehmen wie du bist?

Ich sage dir nun etwas, das sehr wichtig ist: Du bist wundervoll genauso wie du bist. Du wurdest auf die Erde gesandt, um deine kleine Seele ganz groß werden zu lassen, um zu erkennen, dass es immer nur einen Weg gibt, der die Lösung ist. Es ist der Weg, der nicht mit

grauen kalten Steinen gepflastert ist, sondern mit liebevollen Bausteinen aus Wärme, Hoffnung, Mitgefühl und Güte. Dieser Weg führt zuerst zu dir selbst, dann aber hinaus in die Welt. Wenn du dich für diesen Weg entscheidest, wirst du Frieden in deinem Herzen geschenkt bekommen. Dieser Frieden ist so kraftvoll, dass sich andere davon anstecken lassen werden." „Bist du echt sicher, dass das funktioniert? Die Welt ist kalt, grau und unbarmherzig!" „Du liebevolles Schöpfungswesen, deine innere Kraft und dein innerer Frieden haben, wenn sie einmal erweckt, sind eine unbesiegbare Kraft. Es ist wie eine besondere Magie. Lass dich verzaubern und gib diesen Zauber an andere weiter."
Du schlägst die Augen auf. War es ein Traum? „Es ist wie eine besondere Magie!" Es konnte kein Traum sein, denn es fühlte sich real an. Du hast so ein ganz spezielles Gefühl in deinem Herzen. Dort, wo vorhin noch Chaos herrschte, war etwas verändert. Du bist ruhig, deine Wut ist verschwunden. Du empfindest Mitleid mit all denen, die dich heute verletzt haben. Es ist so ein sonderbares, warmes, magisches Gefühl der Ruhe in deinem Herzen. Du spürst, das muss der Friede sein.

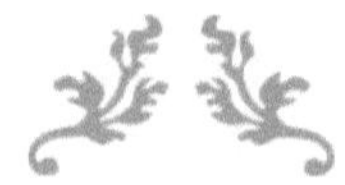

Du bist reine Liebe,

denn deine Seele entspringt

der bedingungslosen Liebe.

Du bist Schöpfer,

denn mit deinen Gedanken

und mit deinem Wirken

schöpfst du dein Leben.

Das ist deine Kraft,

die dir aus der großen unendlichen

Schöpferkraft geschenkt wurde.

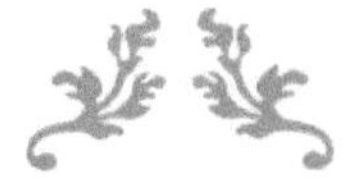

Und jeden neuen
Morgen

darfst du dich
entscheiden:

Frieden oder
Unfrieden.

Was wählst du
für dich?

WANN IMMER DER FRIEDEN ANKLOPFT…

Wann immer der Frieden anklopft, sei zu Hause.

Wann immer der Frieden anklopft, öffne ihm die Tür.

Wann immer der Frieden anklopft, wisse, dass du der Frieden bist.

Wann immer der Frieden anklopft, werde dir bewusst, dass du ein Friedensstifter bist.

Wann immer der Frieden anklopft, mach dein Herz ganz groß und spür die Wärme, die er dir bringt.

Wann immer der Frieden anklopft, sei bereit mit ihm gemeinsam zu arbeiten.

Wann immer der Frieden anklopft, sei bereit und höre hin.

Wann immer der Frieden anklopft, suche dir Gleichgesinnte und zieht gemeinsam in den Frieden.

Wann immer der Frieden anklopft, sei dir bewusst, dass wir mit dir den Frieden gewinnen.

Wann immer der Frieden anklopft, wisse, dass es nur eine gerechte Waffe gibt: die LIEBE!

Welche Waffe gebraucht der Frieden eigentlich?

Für den Frieden kämpfen. So sagt man. Aber wie kämpft man für den Frieden und wer ist dieser Frieden eigentlich?

Frieden ist ein Seins-Zustand, ein Gefühl, ein Schöpfungsgeschenk. Frieden ist grundsätzlich jedem von uns Seelen mit auf unseren Lebensweg gegeben.
Aber jede*r von uns hat auch einen freien Willen, mit dem sie/er entscheidet, welche Seite sie/er wählt.
Wähle ich Zorn, Aggression, Vergeltung und Hass in meinem Leben groß werden zu lassen, oder wähle ich Güte, Herzenswärme, Liebe und Frieden?
Sicher denkst Du jetzt, dass dies gar nicht immer so einfach ist, denn da sind ja noch meine Mitgeschöpfe, die nicht immer und überall friedlich unterwegs sind.
Ja, manchmal lassen wir uns von der Stimmung der anderen leiten. Doch müssen wir uns bewusst machen, dass die anderen IHR Leben leben müssen, und Anfeindungen ein Spiegel dessen sind, was in ihnen vorgeht.
Bei uns selbst sieht das schon ganz anders aus. Denn wenn wir reagieren, zeigen wir an, dass unser Gegenüber bei uns einen wunden Punkt getroffen hat, also dass wir mit uns nicht so recht im Reinen sind.
Wenn du reagierst, gehst du auf die Anfeindung ein. Du trittst mit deinem Gegenüber quasi in den Kampf. Du kannst dich verbal wehren, verteidigen...aber wie fühlst du dich dabei? Hast du am Ende wirklich ein gutes Gefühl? So etwa als hättest du einen sportlichen Wettkampf gewonnen? Wahrscheinlich nicht. Wahrscheinlich trägst du den Groll den ganzen Tag noch mit dir rum, oder auch länger.
Die Waffe, die der Frieden benutzt sieht anders aus.

Frieden ist nicht laut und verletzend, sondern still, gütig und bedingungslos liebend. Frieden geht aus der Liebe hervor. Frieden liebt – sein Gegenüber. Frieden atmet – entspannt. Frieden nimmt an – auch, wenn es nicht die eigene Meinung ist.
Frieden ist Liebe – und genau DAS ist seine Waffe!

Das Schöpfungswesen

Das Schöpfungswesen, das dir gegenübersteht, ist ein Geschwister von dir.

Das Schöpfungswesen, das du verurteilst, wurde unter dem gleichen Himmel wie du geboren.

Das Schöpfungswesen, das du vernichten willst, wird vom gleichen großen Licht wie du genährt.

Wenn du ein Schöpfungswesen verurteilst, verurteilst du auch ein Stück von dir.

Wenn du ein Schöpfungswesen vernichtest, vernichtest du auch gleichzeitig ein Stück von dir.

Wenn du ein Schöpfungswesen in den Arm nimmst, wirst auch du in den Arm genommen.

Wenn du ein Schöpfungswesen liebst, dann liebst du auch dich.

Wir alle sind eins. Unsere Seelen sind durch unsere Schöpferquelle verbunden. Was ich gebe, wird mir wieder geschenkt – irgendwann, irgendwo und in irgendeiner Form. Das gilt für das Gute gleich wie für das Böse.

Lass uns gemeinsam in die gleiche Richtung schauen, einen Nachthimmel voller Sterne genießen, die Düfte der Natur wahrnehmen, im Regen tanzen. Lass uns das Leben genießen, Seite an Seite, gemeinsam lieben und die Liebe verschenken.

Der Frieden ist leise

Der Frieden ist leise und unscheinbar. Er drängt sich dir nicht auf. Er möchte, dass du dich entscheidest. Für ihn, oder auch gegen ihn. Er ist immer da, doch wird er oft übersehen. Innere Kälte, Ungerechtigkeit, Hass, Streit, Terror sind laut. Sie zerreißen die Seele des Menschen. Doch der Frieden wartet. Auf meine Entscheidung, auf deine Entscheidung.
Wenn du ihn entdeckst, öffnet sich eine neue Welt für dich. Der größte Frieden, den du dann geschenkt bekommst, ist deiner. Frieden im Herzen, ganz tief in dir drinnen. Und du spürst, er ist so stark, nichts kann ihn bedrohen. Wenn du ihn für dich entdeckt hast, willst du ihn nie wieder gehen lassen, hältst ihn fest, tief in deiner Seele. Wenn du ihn einmal für dich entdeckt hast, verändert er dich, und die Welt um dich herum.
Der Frieden, ganz leise, in dir geboren, weltbewegend.

Stell dir vor…

Stell dir vor, man könnte den Frieden einfach so verschicken. In einem Paket. An einen Ort, wo er dringend benötigt wird.

Stell dir vor, man könnte den Frieden einfach so kaufen. Im Laden um die Ecke. Mit einer Guthabenkarte. Und jederzeit so viel abbuchen, wie gerade gebraucht wird.

Stell dir vor, der Frieden würde ganz einfach geschehen. Immer dann, wenn die Nachrichten von Unruhen, Terror und Krieg berichten.

Stell dir vor, Frieden würde immer genau in dem Moment einsetzen, wo eine Waffe gegen ein Schöpfungswesen gerichtet wird.

Stell dir vor, Bomben und Raketen würden mit jeder Explosion statt Zerstörung, Frieden verbreiten.

Stell dir vor…

Sie reden vom Frieden

Sie reden vom Frieden. Frieden wollen sie. Das soll endlich alles aufhören. Da muss man doch endlich was tun. Waffen. Waffen? Ja, Waffen, die sind gut, denn dann können sie sich verteidigen. Können die anderen zurückdrängen.
Frieden. Ja, endlich Frieden. Die müssen das doch endlich kapieren! Gebt ihnen mehr Waffen. Die werden das schon richten.
Was? Immer noch kein Friede? Dann pack noch ein paar Waffen drauf. Diesmal auch härtere. Den anderen müssen sie vernichten, weil dann ist doch endlich Frieden….

Ein Feld der Verwüstung…
Tausende Verwundete…
Gefallene…
Kein Ort mehr zum Bleiben…
Mensch, Tier, Pflanze…zerstört…
Frieden! Ja! Ist ja keiner mehr da, der kämpfen könnte.
Um solch eine Verwüstung braucht auch keiner zu kämpfen…

Frieden. Könnte alles so einfach sein.
Wenn in den Köpfen ankäme, dass Waffen zerstören, töten und noch mehr Elend bringen.

Frieden – durch Vernunft…
Frieden – durch Weitsicht…
Frieden – durch gegenseitige Annahme…
Frieden – aus dem Herzen heraus…

Ist es nicht schlimm

Ist es nicht schlimm, wenn die Nachrichten dir nichts Gutes verheißen? Ist es nicht schlimm, wenn du hörst, dass die Menschen in deinem Umfeld, das mit dem Frieden so anders sehen als du? Ist es nicht schlimm, wenn die Massen mal wieder irgendwelchen selbstgeschaffenen Göttern hinterherlaufen? Ist es nicht schlimm...

Schlimm ist, wenn du einfach hinter der Masse herläufst, ohne dein Verhalten zu hinterfragen. Schlimm ist, wenn du dich von deinem Herzen entfernst und glaubst, dass das, was dir erzählt wird, die neue Wahrheit ist. Schlimm ist, wenn du dein Verhalten dir gegenüber nicht begründen kannst.

Lebe aus deinem Herzen heraus. Gehe deinen eigenen Weg. Folge deiner Intuition. Auch wenn du gegen den Strom schwimmst, bist du vollkommen ok. Nimm dir immer wieder Momente für dich, in denen du bei dir ankommst und aus deiner inneren Quelle schöpfst.

Die größte Macht – Liebe

Doch die Liebe – ist sie nicht das Wichtigste überhaupt, was uns für unser Leben geschenkt ist? Ist unsere Seele nicht aus der wundervollen Kraft der Liebe heraus geboren? Liebe zwischen zwei Menschen kann sehr erfüllend sein. Liebe ist grenzenlos. Und damit sind wir bei unserem Friedensgebet angekommen. Grenzenlos. Bedingungslos. Die Liebe ist langmütig.
Liebe kann man eigentlich nicht so richtig erklären, aber spüren, erfahren und in ihrem Zauber das heilige Staunen genießen und mit der Welt teilen.
Doch stellt sich mir die Frage, ob die Regierenden, Kriegstreibenden und vermeintliche Weltverbesserer jemals die wahre Liebe in ihrem Leben haben erfahren dürfen. Haben sie sich jemals angenommen und gesehen gefühlt, oder ist ihr Machtstreben einfach die Absenz dessen, was sie im Herzen berühren und wieder menschlich machen könnte? Zu Beginn des Krieges stieg in mir auch die Wut und der Hass auf, wie Menschen sich so über andere Menschen stellen können, und deren Leben quasi als nihil beurteilen und diese sinnlosen Kriegshandlungen zum Fraß geben. Doch mittlerweile ist es fast Mitleid, das ich empfinde. Mitleid, dass diese Menschen nie wirklich geliebt wurden und auch nie wirklich lieben können. Ein armseliges Leben. Unbedeutend. Wertlos.

Die Schrift sagt: „Wenn ich keine Liebe habe, bin ich nichts.“

Liebe ist Macht. Liebe ist das Höchste! Liebe ist das größte Geschenk, das uns Seelen mit auf den Weg gegeben ist. Lasst uns mehr sein als nichts. Lasst uns wahre Liebe sein, und diese unter unseren Mitgeschöpfen verbreiten.

Das schönste Geschenk, das wir hier auf der Erde empfangen dürfen, ist geliebt zu werden, in der Familie, in der Partnerschaft, bei Freunden, aber über all dies hinaus, werden wir alle geliebt: unendlich, bedingungslos durch unsere Schöpferkraft. Wir sind niemals allein, immer wie in einer weichen Decke liebevoll geborgen. Und das Geschenk, das wir der Welt machen dürfen, ist unsere Liebe zu teilen. Mit all unseren Mitgeschöpfen. Und was wir der Welt geben, teilt sich wie ein Netz aus und verbreitet sich über alle Grenzen hinaus. Kein Frieden ohne Liebe. Drum liebt, hofft, glaubt und vertraut und lasst den Frieden groß werden.

Du bist niemals allein unterwegs

„You'll never walk alone", so heißt es in einem Song aus
dem Brodway-Musical Caroussel. Er wurde oft gecovert
und dringt immer wieder bis tief in Herz und Seele. Aber
das ist auch das, was unser Schöpfer uns an jedem neuen
Morgen mit in den Tag gibt. Uns, die wir unter den
Auswirkungen der Politik unsere Zweifel und Ängste
spüren, und den Menschen, die in den Krisengebieten ihr
Leben gestalten. Unser Gott ist ein Gott des Friedens und
der Liebe. Waffen und Waffenlieferungen entspringen
nicht seinem Wirken. Dies geschieht nur dort, wo
Menschen den Bezug zum Schöpfer verloren haben und
glauben, selbst Gott spielen zu müssen. Gott ist mit uns,
immer! Und immer dann, wenn wir uns friedlich für die
Zukunft aller Schöpfung und Schöpfungswesen einsetzen.
Gott ist mit aller Verzweiflung und Gott bietet uns den
Weg in sein neues Reich an. Bitten wir im Herzen dafür,
dass sich viele unseren friedlichen Gedanken und
Wünschen anschließen.

Du kannst auf mich zählen

„Count on me", auch wieder ein Song, der so viel Verbindung schafft, Hoffnung und Geborgenheit schenkt. Jesus war mit seinem himmlischen Vater immer sehr verbunden. Dies war die Voraussetzung, dass er von der Schöpferkraft erfüllt, andere Menschen begeistern konnte.

Die folgenden Gedanken habe ich dir aus einem Friedensgebet, das wir gestaltet haben, mitgebracht:

You can count on me. Denken wir an die Karwoche. Die heilige Woche, die Passionswoche, die stille Woche. Jesus kurz vor seinem Tod. Schmerz, Leid, nicht verstehen können, gegen die Wand stehen sind Begriffe und Gefühle, die diese Woche begleiten.

You can count on me, klingt schon fast in Frage gestellt, wenn wir uns in diesen Jesus versetzen, der in der Nacht vor seinem Tod bat, ob der Kelch an ihm vorüber gehen könnte. Wie hat er sich gefühlt? Verlassen. In Todesangst. Verloren.

You can count on me. Blicken wir in die Ukraine. Noch immer herrscht Krieg, Zerstörung, Töten von Mensch und Schöpfung. Jesus ist diesem ganzen Geschehen näher, als wir denken. Spüren wir kurz in unser Herz. Was empfinden wir?

You can count on me. Wir kennen den Ausgang der Passion. Auf Tod folgt Leben. Auferstehung. Neuer Morgen. Goldenes Licht des Lebens.

You can count on me. Auch wenn manchmal der Morgen der Erlösung noch nicht sichtbar ist. Er ist da. Er wirkt. Er schenkt Erlösung. Seine Wege sind nicht immer unsere, und seine Gedanken ebenfalls nicht. Aber er kennt den Weg. Den Weg des Lichts und der Liebe. Lassen wir uns vertrauensvoll fallen. Jeden neuen Tag. In seine Hand.

Der Wolf mit dem unbändigen Hunger

Nehmen wir uns einmal einen Wolf, der unbändigen Hunger hat, und dem es egal ist durch was er diesen stillt. Seine Mitgeschöpfe zu töten und zu verzehren, ist ihm dabei ein Leichtes. Er ist skrupellos, verschwendet keinen Gedanken daran, welches Leid er anderen zufügt und was er alles zerstört.

Als ich eine Legende des heiligen Franziskus darüber las, kamen mir Parallelen zu dem Ukrainekrieg, aber auch zu allen anderen Kriegen, Terror und Gewalt in der Welt. Wenn wir uns die Kriegstreiber, die Machtbesessenen in der Welt anschauen, entdecken wir, dass es kaum Unterschiede zum hungrigen Wolf gibt. Der Hunger des Wolfes ist der Machthunger der Eliten.

Der heilige Franziskus setzt Herz und Verstand ein und vermittelt. Die Liebe, die er in Herz und Seele beheimatet, kommt von seiner inneren Heiligen Quelle, die ihn fortwährend mit dem Schöpfer verbindet.

Ja, es braucht gute Vermittler, die das Wohl aller Schöpfung in den Vordergrund stellt, ohne Machtgedanken, unhierarchisch, auf Augenhöhe.

Vermittler, die sich durch die Kraft des Geistes führen lassen und so den Frieden vom Himmel auf die Erde holen.

Jeder von uns ist ein Friedensbringer, wenn er sich dazu entscheidet. Um beim Wolf zu bleiben: In jedem von uns wohnen so etwas wie zwei Wölfe. Ein guter und ein böser. Wir sind auf die Erde gekommen, mit einem Komplettpaket an Gefühlen, Emotionen, die wir während unseres Lebensweges durch verschiedene Aufträge in den Griff bekommen sollten. Es liegt an uns, welchen wir nähren. Ich denke, wir nehmen den guten. Im besten Fall gelingt uns das.

Regenbogengedanken

Panzer rollen, Menschen sind auf der Flucht, Häuser werden zerstört, Schöpfung vernichtet... Und ich frage mich, warum? Mit welcher Berechtigung? Ist es auch nur irgendeinem Menschen würdig sich über andere zu stellen? Gott zu spielen? Wer entscheidet, wo andere leben dürfen? Wer entscheidet, dass andere ermordet werden dürfen? Was maßt sich die Menschheit an? Wer glaubt, er mag eben einfach einmal Schöpfer spielen? Nach neuen Regeln, nach seinen eigenen eben?

Der Regenbogen als Zeichen für das Versprechen von Gott. Wer oder was ist Gott? Wer oder was der Mensch? Ich wage zu behaupten, dass unser Schöpfer oder auch unsere Schöpferin die reinste Form der Liebe ist, die schon immer existiert. Der Mensch ist Abbild Gottes und trägt seinen wundervollen Funken der Liebe tief verwurzelt in seiner Seele. Diese reinste Form der Liebe hat jede einzelne seiner Geschöpfe gleich lieb. Seine Schöpfung ist bunt. Jede, jeder ein kleiner Regenbogen für sich. Und jeder Regenbogen ist bezaubernd und einzigartig.

Wir alle dürfen ein wenig schöpfen – aus der Liebe heraus.

Friedensschneeflocken

Wir alle sind ein wenig wie Schneeflocken.
Oft zweifeln wir, ob wir etwas bewirken können. Oft
fühlen wir uns klein gegenüber diesem großen Gott,
dessen Willkür wir ausgeliefert zu sein scheinen.
„Warum lässt du das alles zu? Warum greifst du nicht
endlich ein? Hast du all die Menschen in den Kriegs- und
Krisengebieten vergessen? „
Das kann schon mal mutlos machen! Doch Gott ist
anders. Mütter- und väterlich. Er ist fürsorglich und
vergisst keines seiner Kinder. Doch er gibt seinen
Schöpfungswesen auch den freien Willen. So darf sich
ein jeder, eine jede für ein Leben in Liebe und Frieden,
oder eben auch dagegen entscheiden. Ich denke, dass
ich hier stehe und sagen kann, dass wir uns alle für die
Liebe und den Frieden entschieden haben. Unsere
Aufgabe kann es sein, die Welt daran teilhaben zu lassen
und so mehr und mehr den Frieden groß werden zu
lassen.
Wie wir gehört haben, sagt Jesus, dass wir auch dazu
befähigt sind, solche Taten wie er zu vollbringen. Wir
dürfen ihn bitten, und er hilft uns vom Vater aus. Sei eine
wunderschöne einzigartige Schneeflocke, die den
Frieden in die Ukraine, zu den Verantwortlichen und in

die Krisengebiete auf der ganzen Welt rieseln lässt. Wir sind viele, die auf der Welt ein Friedensnetz gespannt haben. Bitte und werde nicht müde dabei, glaube an Wunder und vertraue. Wir wissen nicht, wann es die eine Flocke schneit, die unsere Gebete segensreich als geschlossene Schneedecke des Friedens ausbreitet, und die den Ast des Krieges zu Fall bringt. Doch wir Wesen der Schöpfung dürfen Vertrauen, dass dieser einzige wundervolle Kristall auf dem Weg ist, und dass Wunder jeden Tag geschehen. Und wer weiß, vielleicht bist DU die eine Schneeflocke, die es zum Frieden noch braucht.

Lass deine Schöpferkraft strahlen

Gott ist Licht und Liebe. Wenn wir ihn in unserem Herzen groß werden lassen, kann er durch uns in die Welt strahlen. Dort, wo Menschen Gott erkennen und sich ihm zuwenden, wird er leuchten. Und sein Leuchten ist so wundervoll und strahlend, dass er keinen vergisst und sich jedem gütig zuwendet. Dort wo seine Geschöpfe ihn strahlen lassen, wird Gerechtigkeit sichtbar, fallen die Hüllen der Lüge und es kommt die Wahrheit ans Licht.

Was ich mir wünsche

Was ich mir wünsche ist, dass der Krieg im Kleinen, also
Streit, Eifersucht, Gewalt im täglichen Umgang
miteinander endet. Dass Menschen einander respektvoll
und mit Würde begegnen. Dass Hierarchien einbrechen
und wir uns auf Augenhöhe begegnen. Frieden beginnt
bei uns, und nicht irgendwo dort draußen in der Welt.
Wenn jeder bei sich anfängt, sein kleines Licht strahlen
zu lassen, dann ist Weihnachten. Wenn jeder beginnt
sein Licht an andere weiterzugeben, dann ist
Weihnachten. Wenn wir uns bewusstwerden, dass wir
alle aus dem gleichen wundervollen Licht heraus
geboren sind, dann ist Weihnachten, dann hat das Kind
in der Krippe einen festen Platz in unserem Leben – nicht
nur an Weihnachten, sondern an allen 365 Tagen im
Jahr.

Frieden ist Vertrauen

Frieden ist Vertrauen.
Vertrauen darauf, dass da eine Kraft ist, die dich und mich hält und immer wieder auffängt, wenn wir das Morgen nicht mehr sehen.
Vertrauen, dass du nie tiefer fällst, als die Liebe und das Licht dessen, die dich ins Leben rief, auffängt.
Vertrauen, dass das Morgen kommt.
Vertrauen, dass das Morgen die Erlösung bringt.
Vertrauen, dass dieses Morgen die neue Erde sichtbar macht.
Vertrauen, das Gerechtigkeit über Lüge und Betrug siegt.
Vertrauen…nein. Wissen, dass Liebe die stärkste Macht ist, die alles Negative besiegt, die die Schöpfung in all ihrer Schönheit als liebevollen Segen über alle Wesen legt.

Kleine Leuchttürme

Ja, wir sind kleine Leuchttürme. Unser großer
Leuchtturm ist unser Schöpfer. Er freut sich über jede
und jeden von uns, der sein/ihr Licht groß werden lässt
und es mit anderen teilt.

Wo Hass, Terror und Krieg ist, scheint die Welt aus den
Fugen zu geraten. Da ist nichts mehr wie zuvor. Innere
Kälte und Dunkelheit breiten sich aus, und die Sicht auf
ein gutes Morgen bleibt verwehrt. Hoffnung ist alles, was
noch bleibt. Und diese stirbt bekanntlich zuletzt. Und in
dieser Hoffnung ist ein kleiner Funke, der gerne groß
werden möchte. Wir können ein Wegbereiter sein. Wir
können unsere kleinen Lichter zusammentun und groß
werden lassen. Für die Menschen in der Ukraine und für
all die, die unter Terror und Gewalt leiden.

Lasst uns aber auch gut auf unser Licht achten. Gönnt
euch Auszeiten von den Nachrichten, Auszeiten vom
Alltag, damit ihr wieder Kraft schöpft. Und vergessen wir
nicht uns immer wieder an unseren großen Leuchtturm
zu wenden, der uns allen Wegweiser ist. In seiner Liebe

und seinem Licht, werden auch wir zu wundervollen kleinen Leuchttürmen in unserer Zeit.

Sei du der Friede, den die Welt braucht

Sei du der Friede, den die Welt braucht. Sei anders. Sei du selbst. Lass dich nicht anstecken von all den Nachrichten und Informationen, die dich runterziehen. Nimm dir Auszeiten von der lauten Welt. Denke groß. Denke Frieden. Denke einfach anders und glaube, dass er möglich ist. An jedem neuen Tag. Der Frieden ist da. Doch wir müssen ihn leben. Wir sind viele. Mehr als all die Kriegstreiber. Mehr als all die, die glauben, ihnen allein gehört die Welt. Ein Irrtum. Sie gehört keinem. Sie ist Schöpfung. Anvertraut. Uns. Allen. In Liebe. Wer dies missbraucht, ist ein armer Wicht. Ein Zwerg. Klein. Im Denken. Im Handeln. Er wird untergehen. Wenn nicht heute, dann eben morgen.
Die Erde. Ein Geschenk. Für dich und für mich. Handeln wir so. Im Vertrauen. In Licht und Liebe. Du und ich.

Freiheit für alle

Menschen, die auf welche Weise auch immer zu Macht gelangen, missbrauchen diese leider viel zu oft. Sie stellen sich über andere, berauben diese ihrer Rechte und Würde. Und dies findet sich in vielen Bereichen des Lebens. Im Kleinen wie im Großen.

Freiheit bedeutet so viel. Frei zu sein im Denken und Handeln, seinen eigenen Weg des Herzens gehen zu können. Einen Ort zum Leben haben, an dem ich mich sicher und geborgen fühle. Meine innere Freiheit im Außen zu leben, solange ich anderen dabei nicht schade. Diese Freiheit meint aber nicht, dass ich so frei sein kann und andere damit ihre Freiheit nehme. Die Politik, gerade in den Kriegs- und Krisengebieten spricht aber etwas anderes. Meine Freiheit zählt – deine nicht. Denn um ihren Willen umzusetzen, ist es ihnen egal, wie viele dabei auf der Strecke bleiben, wie viel kleine und große

Seelen vernichtet werden und wie viel wundervolle Schöpfung dadurch zerstört wird.

Wenn wir aufblicken, sehen wir den Himmel über uns. Von einem Berg aus betrachtet, erscheint er grenzenlos und das ist er auch. Den Himmel, den wir da sehen ist jedoch nur ein äußeres Symbol für den Himmel, den jede und jeder von uns in seinem Herzen und seiner Seele trägt. Ein Himmel aus Licht und Liebe, wie Jesus ihn uns vorgelebt hat.

Die Freiheit des Himmels ist grenzenlos

Und jedes Mal, wenn wir uns an Jesu Liebe erinnern, sie zu spüren und zu leben beginnen, geht der Himmel auf und um uns herum wird das Reich Gottes in kleinen Stücken sichtbar. Der Himmel über uns ist der Himmel in uns.

Der Himmel über uns ist auch der Himmel über den Menschen und Schöpfungswesen in der Ukraine und in allen anderen Krisen- und Brennpunkten auf der Erde. Wir alle sind miteinander in liebevoller Geschwisterlichkeit verbunden. Darum ist es reine Schöpferkraft, wenn wir den Himmel in uns aufgehen und liebevoll groß werden lassen. Über denen, mit denen wir fühlen und auch über denen, deren Handeln wir überhaupt nicht begreifen können. Denn unsere Hilfe brauchen alle, gerade die Diktatoren und Machtbesessenen, die den Glanz des Himmels noch nie erfahren haben.

Jesus fuhr auf in den Himmel. Von da an mussten seine Freunde darauf vertrauen, dass er noch immer für sie und ihre Nöte da ist. Dieses Vertrauen gilt auch heute noch für uns. In unserem inneren Himmel begegnen wir Jesus – immer dann, wenn wir uns ihm in kindlicher Vertrautheit öffnen und uns von ihm an die Hand nehmen lassen.

Denn Jesus hat uns versprochen: Ich bin bei Euch alle
Tage bis zum Ende der Welt. Und wenn wir darauf
vertrauen, dann ist die Freiheit des Himmels für uns alle
grenzenlos.

Nachwort

Das waren nun eine ganze Menge Gedanken über den Frieden, die in meinem Herzen entstanden sind. Es ist nicht immer leicht, selbst den Frieden zu wahren. Auch ich hatte in meinem Leben immer wieder Situationen, in denen ich Menschen zu nah an mich heranließ. Menschen, die das missbraucht haben. Und ich ließ mich sehr verletzen. Ein Schmerz, der in der Opferposition hält und als Gegenwehr Aggression auslöst. Doch ist es wichtig,
immer wieder aus dieser Opferrolle auszubrechen und uns unserer Schöpferkraft bewusst zu werden. Hass wird nicht durch Hass geheilt. Doch Liebe ist das Stärkste, das uns mit auf unseren Erdenweg gegeben wurde, und es ist die Ursubstanz aus dem alle Seelen hervorgehen.
Lass die Liebe in dir groß werden, lass die Liebe in dir alle deine Wunden heilen, lass die Liebe lauter sein als all das, was dich klein hält und dir weh tut.
Allein wird keiner von uns den Frieden auf die Welt bringen, doch wir sind alles kleine Lichter und wenn wir uns zusammentun und unseren inneren Frieden leben, werden wir zu einem großen strahlenden Feuer des Friedens, das sich mehr und mehr zu einem Lauffeuer voll Hoffnung, Liebe, Wärme und Geborgenheit ausbreitet.

Du bist ein wundervolles Licht – zeig der Welt dein schönstes Strahlen.

Sei ein Segen – sei gesegnet – bleib behütet!

Danksagung

So ein Büchlein braucht Inspiration. Die kommt nicht von allein. Seit Beginn des Ukraine-Krieges treffen sich eine ganz liebe Gruppe von Friedensstiftern jeden Mittwoch auf einem öffentlichen Platz in unserem beschaulichen und wunderschönen Stadtteil, um den Frieden zu gewinnen. Oft standen meine Tochter und ich vor der Gruppe, mit einem vorbereiteten Friedensgebet, das dankbar angenommen wurde. Und wir versuchen dabei alle Macht in den Frieden, statt in den Krieg zu stecken, denn den wollen wir ja groß werden lassen. Und mein Mann unterstützt uns dann immer, indem er für uns Fotomaterial erstellt, das dann für die Öffentlichkeitsarbeit dient.

Meine Familie, zwei wunderbare Schätze, die mir geschenkt sind. Danke euch von Herzen, dass ihr immer wieder dabei seid und zeigt, dass Familie trägt und Halt gibt.

Einen tiefen Herzensdank an meine geliebte Fellnase, die mir immer Inspiration war und uns leider viel zu früh verlassen hat, um nach Hause zu kehren. Liebe Alexa, du warst der Frieden selbst und hast mir so vieles gelernt. Deine Liebe und dein Frieden werden nie vergehen.

Und ein ganz herzliches Dankeschön an meine Mittwochs-Friedensstifter! Ihr seid klasse! Wir halten durch und machen weiter, bis der Frieden ganz groß wird.